Aa

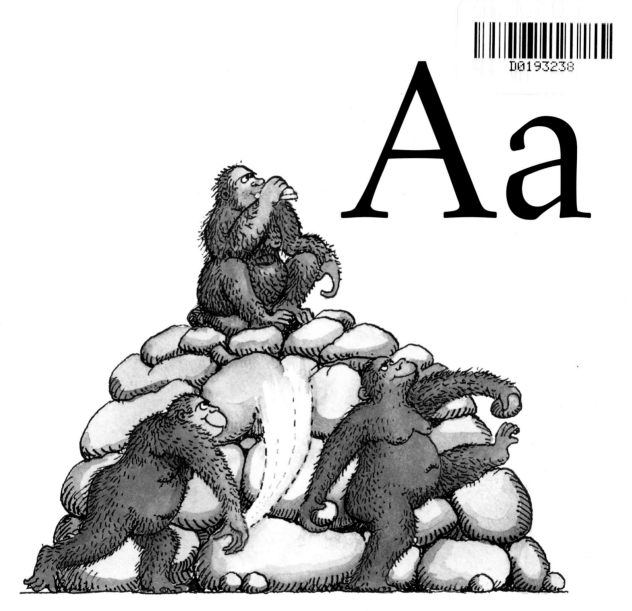

Apes

Bb

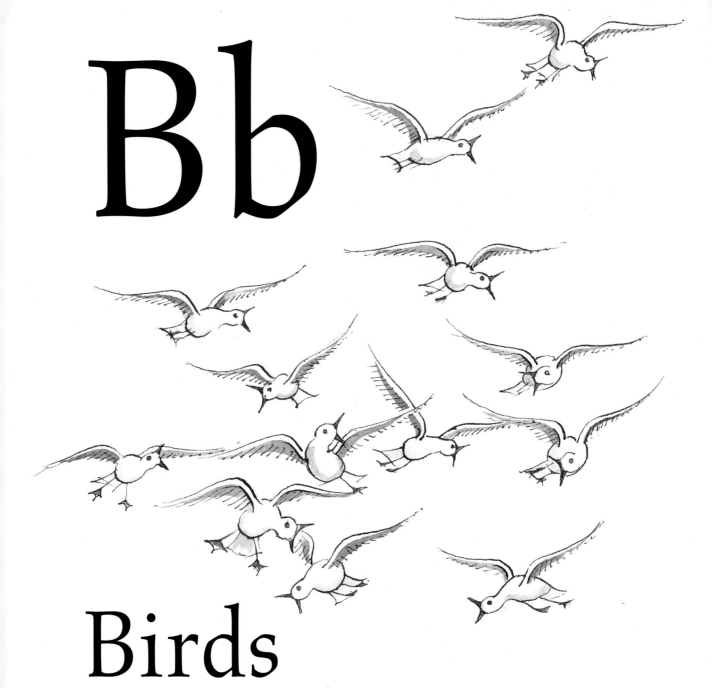

Birds

Cc

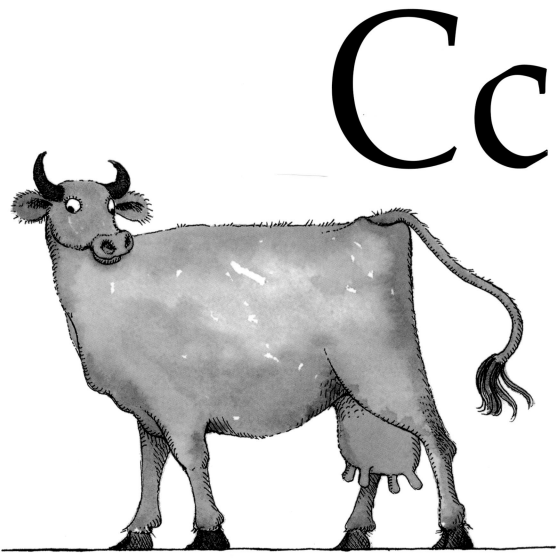

Cow

Dd

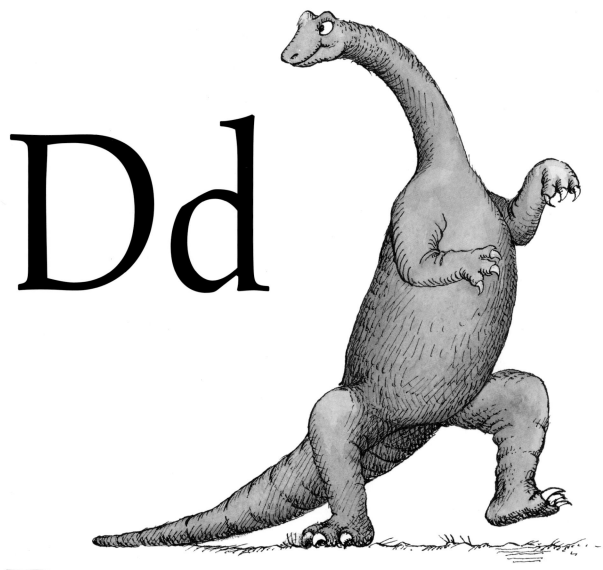

Dinosaur

Ee

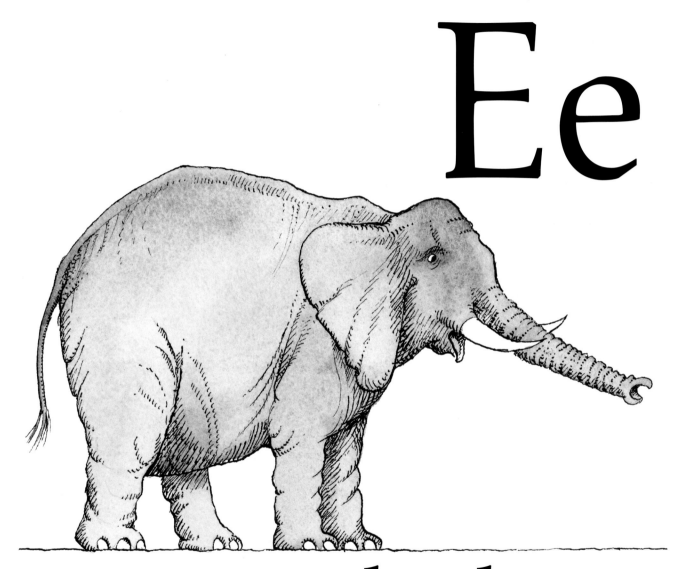

Elephant

Ff

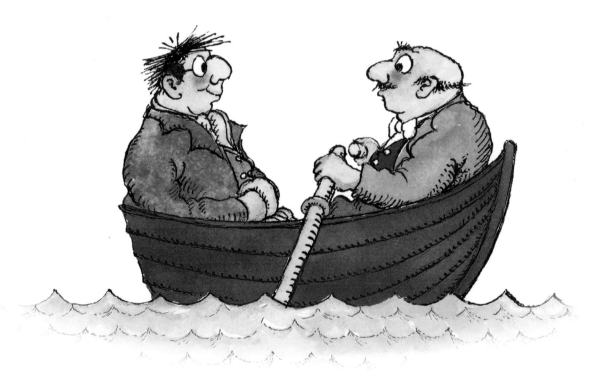

Friends

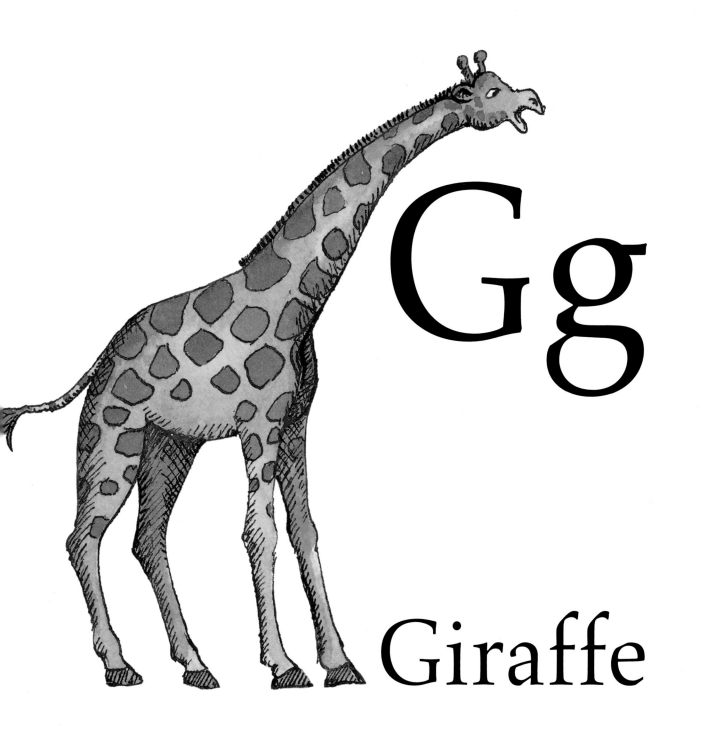

Gg

Giraffe

Hh

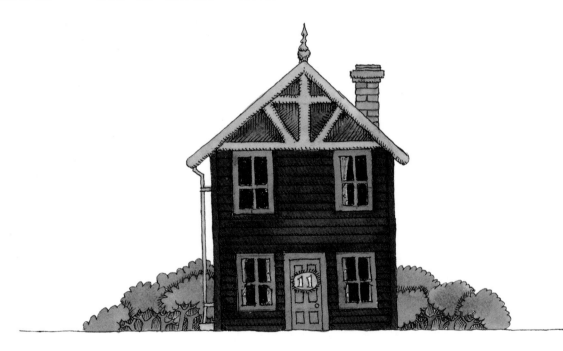

House

Ii

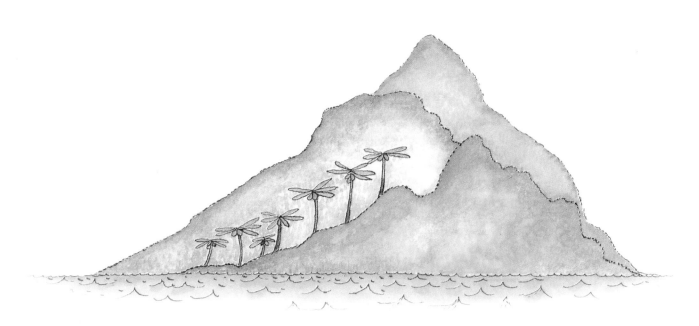

Island

Jj

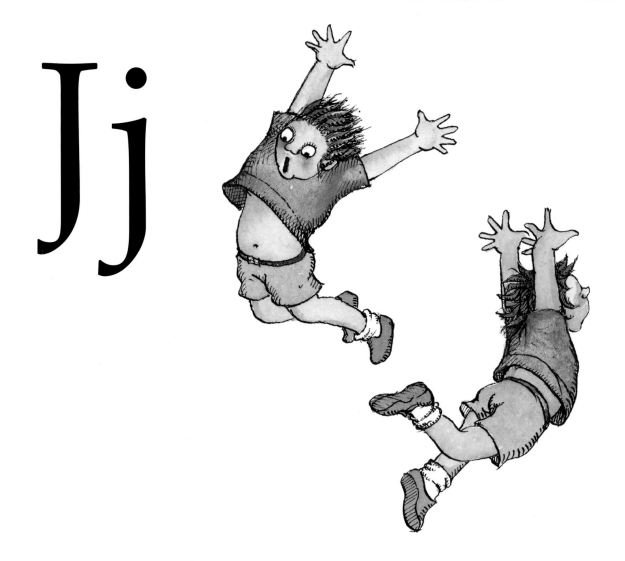

Jump

Kk

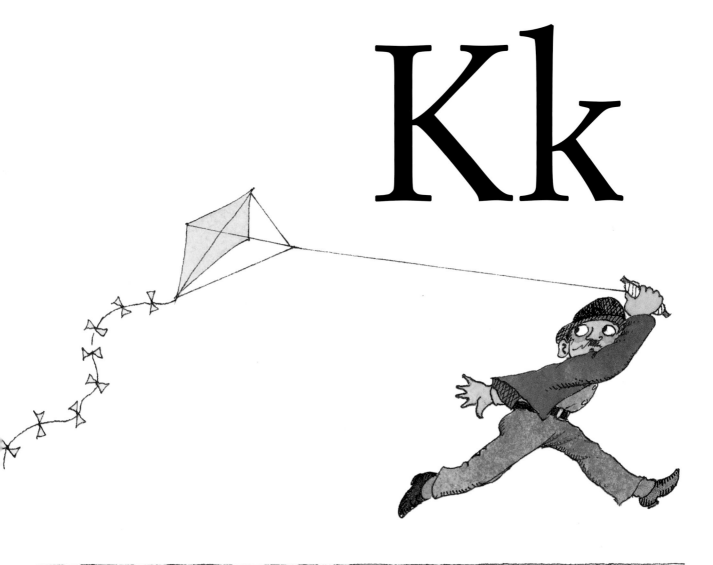

Kite

Ll

Lion

Mm

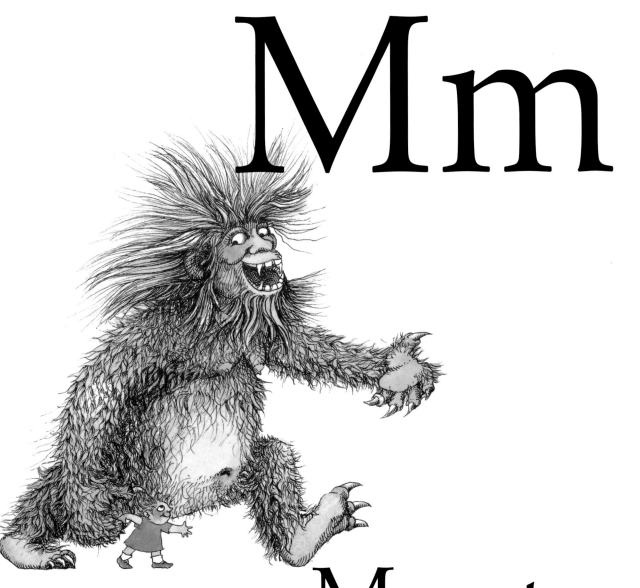

Monster

Nn

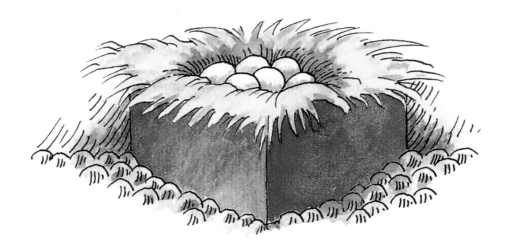

Nest

Oo

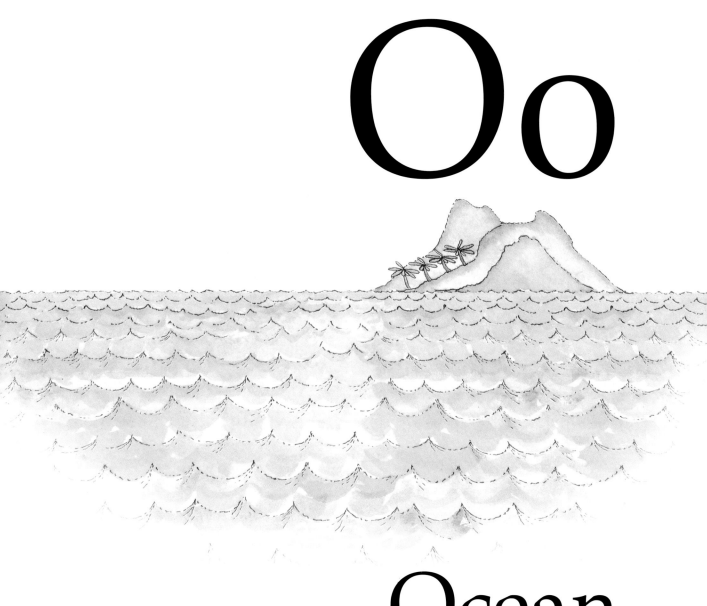

Ocean

Pp

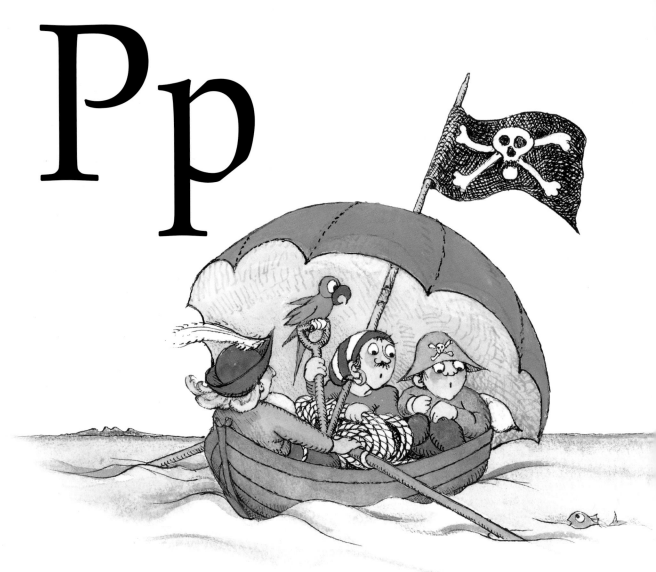

Pirates

Qq

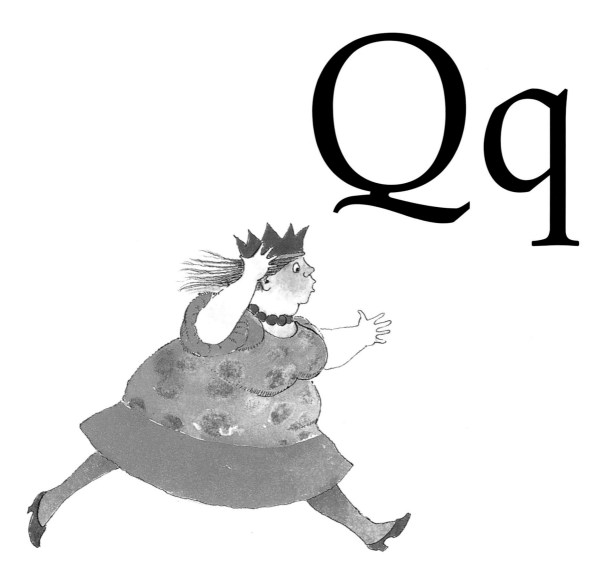

Queen

Rr

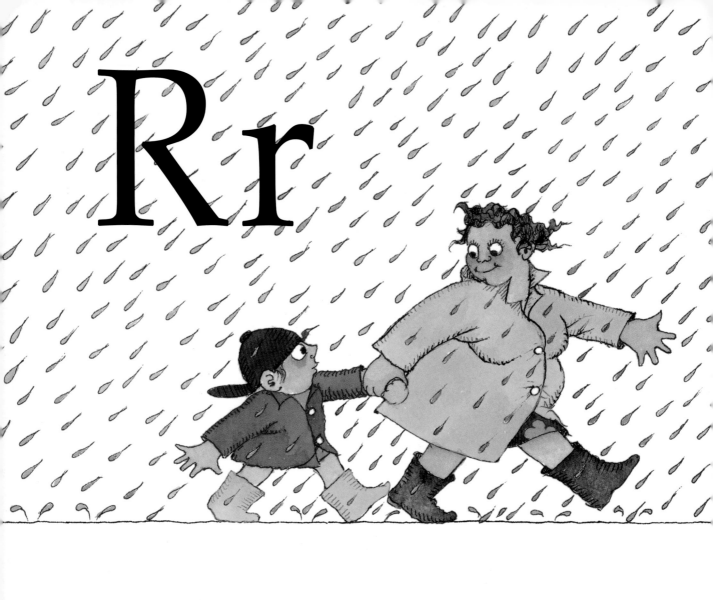

Rain

Ss

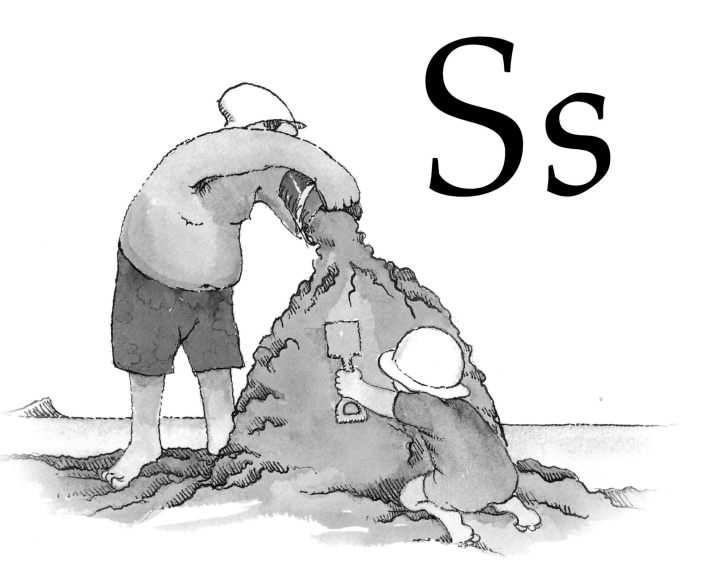

Sandcastle

Tt

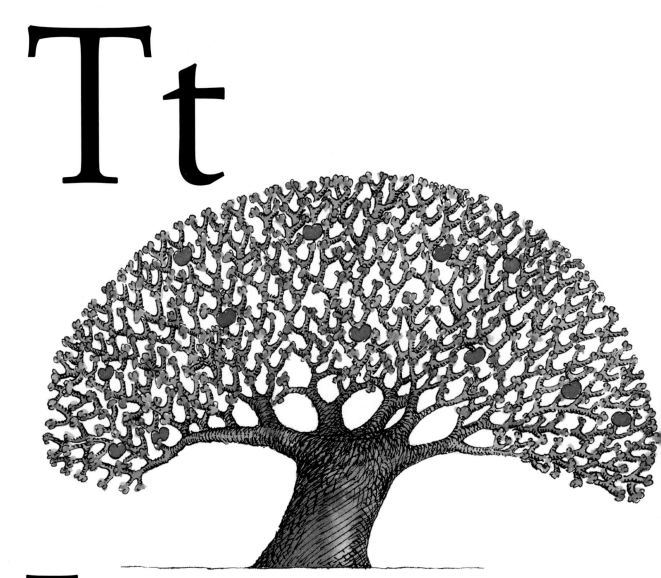

Tree

Uu

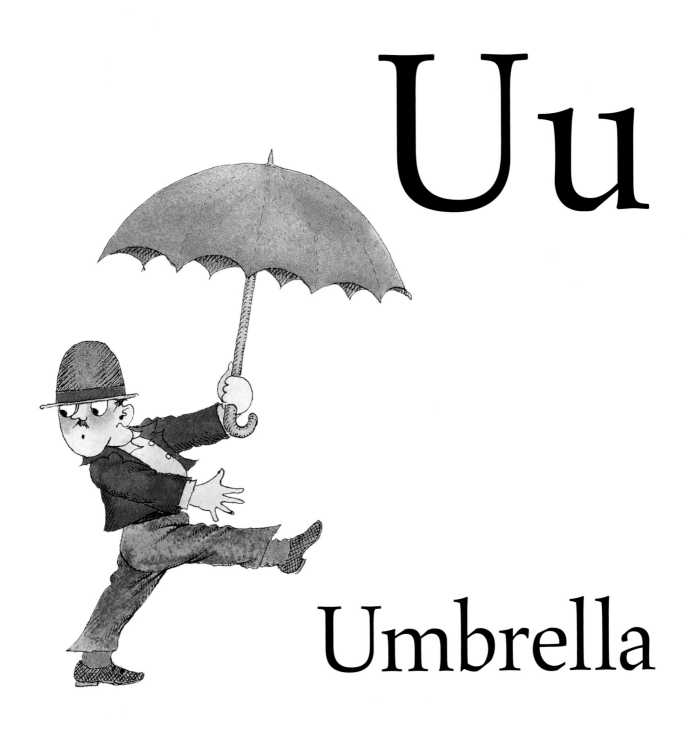

Umbrella

Vv

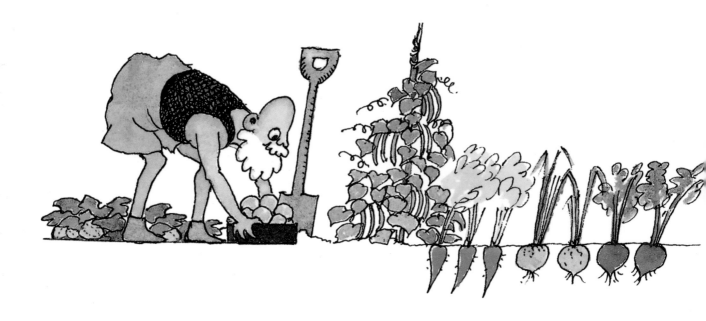

Vegetables

Ww

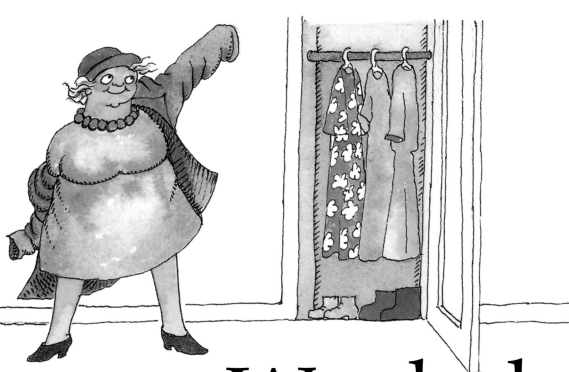

Wardrobe

Xx Yy Zz

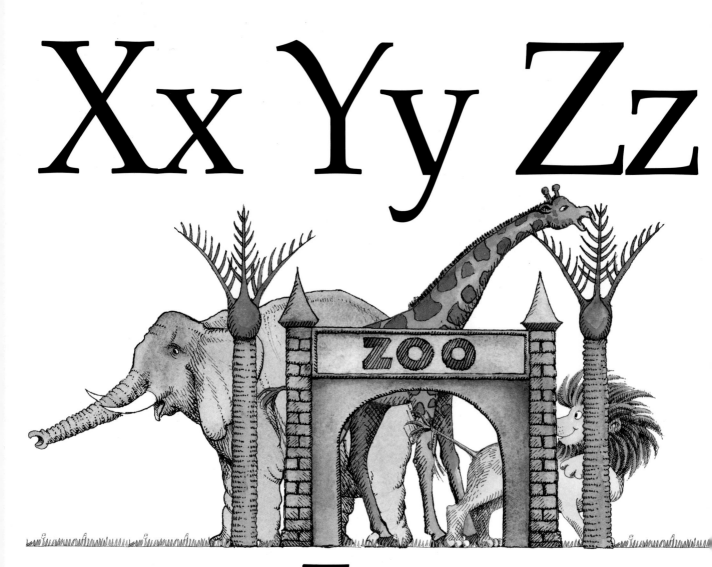

Zoo